Horst Haitzinger

KOHL-
DAMPF

AUTO-BAHN-VIGNETTE

Horst Haitzinger

KOHL-DAMPF

Bruckmann

Seite 2:

»... in Bonn herrscht Tohuwabohu!!!«

März 1993: Die Diskussion um Autobahnvignetten, Finanzpolitik sowie Koalitions- und Kompetenzstreitigkeiten lassen die Regierung in einem ziemlich chaotischen Zustand erscheinen.

Gedruckt auf chlorarm gebleichtem Umweltpapier

Die Deutsche Bibliothek – CIP-Einheitsaufnahme

Haitzinger, Horst:
KohlDampf / Horst Haitzinger. Mit einem Vorw. von Herbert Riehl-Heyse. –
München : Bruckmann, 1997
ISBN 3-7654-3067-6

Gesamtherstellung: Bruckmann, München
Printed in Germany
ISBN 3-7654-3067-6

Inhalt

6 Vorwort von Herbert Riehl-Heyse

9 Von Helmut I. zu Helmut II.

19 In den Mänteln der Geschichte

35 Männerfreunde

57 Jagdszenen aus Bonn

67 Schwarzkohl, Rotkohl, Grünkohl

85 Einheitskohl

105 Euro-Kohl

115 Kohlreste

128 Biographie

Vorwort

Die Frage, was die Satire darf, wird ja dauernd gestellt, vor allem in Deutschland, wo man es schon immer besonders liebt, beleidigt zu sein. Die Frage ist durchaus wichtig, nur ist darüber die viel wichtigere Frage ein wenig aus dem Blickfeld gekommen: Was kann die Satire? Das wüßte sie nämlich auch gerne.

Was beispielsweise Helmut Kohl angeht, so geht seit langem die herrschende Meinung dahin, daß ihm mit den Mitteln der Satire nicht beizukommen ist. Die Meinung ist durch die Entwicklung langer Jahre auch durchaus erhärtet worden: Wenn mehr als zwanzig Jahre lang von den vereinigten Kabarettisten, Karikaturisten, Persiflierern versucht wird, jemanden zu veralbern, zuerst in seiner Eigenschaft als Oppositionsführer, dann als Regierungschef; wenn es Jahre hindurch als Spitzenleistung des Humors und der Spottkunst gilt, diesen jemand als Birne zu beschreiben, zur Witz-Figur zu machen – und wenn diese Witzfigur nach diesen zwanzig Jahren der längstgediente Bundeskanzler der Republik ist, dann hat jemand etwas falsch gemacht. Und dieser jemand ist nicht die Birne.

Man könnte es sogar noch deutlicher sagen: Die Satire ist gegen eine Wand gefahren, die mit Vornamen Helmut heißt, und dann voll zurückgeschleudert worden auf die gegnerische Fahrbahn. Man wird das später in den Lehrbüchern beschreiben müssen: Als erst einmal das ganze Volk wußte, daß Kohl immer »Famillje« sagt, also überhaupt nicht richtig deutsch kann, und daß er sowieso jedem einzelnen seiner Kritiker intellektuell weit unterlegen ist – da hatte die Stimmung schon wieder ganz umgeschlagen, zu seinen Gunsten. Die Erfahrung vieler Jahre tat ein übriges zu diesem Umschwung: Immer wieder verlor Helmut Kohl die Wahlen, aber nur bei den Umfragen. Und immer wieder gewann er sie, wenn wirklich gewählt wurde. Eines Tages hat man aufgrund all dieser Wahlergebnisse dann vermutlich herausgefunden, daß er unverwundbar ist.

Nun zeigt freilich die Geschichte, nicht nur die aus dem Nibelungenlied, daß die Lindenblätter zuhauf herumliegen in der deutschen Landschaft und später auf den Schulterblättern unserer Helden: Gerade wenn keiner etwas Böses denkt, sticht ein gewisser Hagen von Tronje zu, oder vielleicht ein Stoiber, oder auch schlicht der Wähler: Und plötzlich fällt der Unverwundbare doch.

Ein Satiriker wird es eher nicht sein, der eines Tages den finalen Stich abgibt – aber wenn es darum geht, die beste Stelle für den Stich ausfindig zu machen, mögen die Spötter sehr wohl eine wichtige Rolle spielen. Was speziell die Karikaturisten angeht: Die werden zumindest in der Nähe sein, wenn es soweit ist, und den Moment für die Ewigkeit protokollieren. Mancher wird ihn sogar in seinen Zeichnungen vorausgesehen haben.

Es ist nämlich doch nicht wahr, daß dem Helmut Kohl (und all den anderen Heroen) mit den Mitteln der Satire nicht beizukommen wäre. Man muß nur genau definieren, was man mit »Beikommen« meint. Wenn ein Satiriker seine Mittel beherrscht, dann wird er, in Glücksfällen zumindest, seine Helden kenntlich und ihre Geschichte begreiflich machen. Horst Haitzinger ist, wie jeder weiß, jemand, der seine Mittel besonders gut beherrscht. Deshalb ist sein Buch über den Kanzler Kohl unter Dampf ein Geschichtsbuch geworden. Eines mit eingebautem Psychogramm seines Hauptdarstellers.

Auf den ersten Blick ist Kohl bei Haitzinger sehr häufig so überlebensgroß, wie er sich inzwischen wohl selber sieht: einer, dem kein innerparteilicher Gegner gewachsen ist, der alle anderen Staatsmänner der Welt an Erfahrung wie an Körpergewicht übertrifft und der alle Zwerge zu Hause, vor allem solche, die gegen ihn zum Bundeskanzler kandidieren, ohnehin überragt, um Haupteslängen. Haitzinger variiert dieses Thema in vielen seiner Blätter, um es dann auch gleich wieder zu konterkarieren: Einmal ist der schwarze Riese Kohl als Alter Fritz verkleidet, dann wieder als Wilhelm zwo oder gar als der liebe Gott persönlich. Und dann? Dann sagt Hannelore zum Alten Fritz: »Helmut, du schnarchst!« Oder der gewaltige Germanen-Führer, der nach vorne so trutzig in die Gegend schaut auf der Suche nach einem Feind, den er vernichten könnte, wird von hinten durchlöchert, von einem Dutzend Pfeilen. (Von denen allerdings keiner die tödliche Stelle trifft. Noch nicht.)

Das ist überhaupt, wie es scheint, eine der Hauptaufgaben des Zeichners Haitzinger im Umgang nicht nur mit Kohl: Die scheinbar Überlebensgroßen herunterzuholen auf Normalhöhe. Und damit erst erträglich, aber damit auch sterblich zu machen und irgendwo auch bemitleidenswert: Da liegt unser Held dann auf der Couch des Psychiaters und phantasiert davon, daß er Himmel und Erde erschaffen hat und bis zum Jahre 2000 die Arbeitslosigkeit halbieren wird. Und glaubt vermutlich als einziger auch wirklich, daß das zu machen ist, wenn er sich nur genug anstrengt.

Der Sterbliche irrt eben ohne Unterlaß, wie das Sprichwort sagt, und er erlebt gute und schlechte Tage. Das geht jedem von uns so – nur daß man aus Haitzingers Geschichtsbuch sehr gut erkennen kann, daß sich beim deutschen Bundeskanzler die schlechten Tage in den letzten Jahren zu mehren beginnen. In den Zeichnungen aus den besseren Zeiten sieht man Kohl zum Beispiel als ein schönes Stück Rotwild, das seinem soeben vom Hochstand abgestürzten Jäger Scharping freundlich seine Hilfe anbietet; da lacht der Hirsch. Solche Erfolgserlebnisse sind aber inzwischen eher selten: In den letzten Jahren sind auch Horst Haitzinger immer häufiger ganz andere Blätter eingefallen, solche zum Beispiel, in denen der Bundeskanzler eher ratlos seinem Finanzminister über die Schulter sieht, der gerade dabei ist, aus einem leeren Flußbett prima Fische zu angeln. Derartige Fänge sind auch von sehr begabten Politikern nur schwer als große Erfolge zu verkaufen, und man sieht dem Kohl an, daß er das weiß.

Könnte es, vielleicht auch aus solchen Gründen, so sein, daß dem Zug, der da so mächtig unter Volldampf zu stehen scheint, ganz langsam die Kohlen ausgehen? Man weiß es noch nicht. Es hat schon viele Situationen gegeben in der Laufzeit der Lokomotive mit Namen Kohl, in denen sie langsam auf das Abstellgleis zuzusteuern schien, nur um dann ganz überraschend wieder gewaltig an Tempo zuzulegen. So könnte es auch diesmal wieder kommen.

Vielleicht bleibt sie aber auch eines baldigen Tages ganz plötzlich stehen – mitten im Problemstau. (Den beklagt übrigens niemand so angriffslustig wie Helmut Kohl. Ganz als hätte er nicht das geringste damit zu tun, daß er überhaupt entstanden ist.)

In diesem Fall, wenn also sonst gar nichts mehr geht, hätte Helmut Kohl wenigstens ein sehr schönes Buch für seine bevorstehenden besinnlichen Abende als Pensionär. Daß es auch eines zum Lachen ist, wird ihn dabei gewiß freuen. Und die anderen Leser sowieso.

Herbert Riehl-Heyse

Von Helmut I. zu Helmut II.

»Ich hab' 'ne Idee,
wir feiern Goethe!«

Am 22. März 1982 (150. Todestag Goethes) gewinnen GRÜNE, CDU und F.D.P. bei den Landtagswahlen in Niedersachsen, nur die SPD verliert.

»Mister President, um böswilligen Gerüchten über einen Antiamerikanismus entgegenzutreten ...«

Juni 1982: US-Präsident Ronald Reagan spricht vor dem Deutschen Bundestag und erläutert seine Abrüstungsinitiativen.

Coca-Cola
I AM A
HAM-
BURGER

»Sie machen einen etwas abwesenden Eindruck, Genscher!?«

Juni 1982: Es bestehen Gerüchte über einen Koalitionswechsel der F.D.P.

»... Ich habe hier ein Luxusappartement mit Vollpension bestellt, und dabei bleibt's.«

Juni 1982: Am Ende seiner Kanzlerschaft gerät Helmut Schmidt neben seinen Koalitionsschwierigkeiten auch noch durch Gewerkschaftsforderungen in Konflikt.

HOTEL
HOCHKONJUNKTUR
DGB

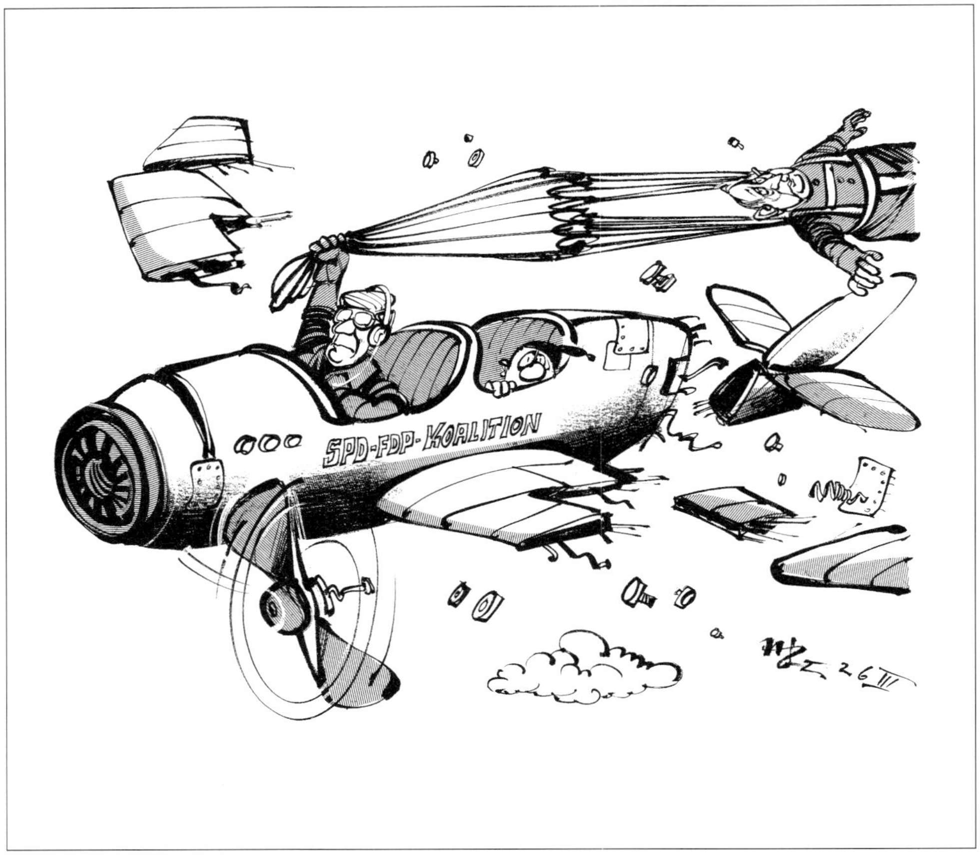

Über den Wolken muß die Freiheit wohl grenzenlos sein …

März 1982: Die Koalition scheint in Auflösung begriffen.

Die letzten Tage einer Koalition (frei nach Salvador Dalí)

Juli 1982: Die Auflösungserscheinungen in der sozial-liberalen Koalition werden immer stärker.

»Freut mich, Sie zu sehen!«
»Ganz meinerseits!«

Juli 1983: Kanzler Kohl besucht Moskau.

»... O du fröhliche ...«

Dezember 1983: Die Welt steht im Zeichen von SS-20 und Pershing-2-Nachrüstung.

SS 20
PERSHING

Programm der Erneuerung

Mai 1983: Helmut Kohls Regierungserklärung steht unter dem Motto »Programm der Erneuerung«.

In den Mänteln der Geschichte

»Ein eiserner Gentleman, seit wann gibt's denn so was!?«

Mai 1989: Kanzler Kohl wehrt sich erfolgreich gegen Margaret Thatcher.

»Ein Ahnenforscher, Herr Bundeskanzler. Er will beweisen, daß Ihr Großvater gar nicht Adenauer war!«

März 1990: Die Opposition unterstellt Kanzler Kohl Großmannssucht und Übereilung in der Deutschlandpolitik.

WILHELM II

»Tut mir leid, war nicht ganz die richtige Rippe!«

Oktober 1995: Der ansonsten unbestrittene Übervater der CDU muß auf dem CDU-Parteitag bei der beabsichtigten Einführung eines »Frauenquorums« eine Abstimmungsniederlage einstecken.

»Helmut, du schnarchst!«

August 1991: Bundeskanzler Kohl nimmt an der Umbettung Friedrichs des Großen nach Sanssouci teil.

Helmut II.
der Große
ALTER FRITZ
17. AUGUST

Häuptling Schwarzer Adler, Rauchzeichen aus der Gegend seines Wigwams erspähend

Februar 1994: Während der Kanzler auf Staatsbesuch in den USA weilt, bahnt sich in Deutschland ein harter Arbeitskampf im öffentlichen Dienst an.

Kohlumbus, der Entdecker Europas

Januar 1992: Helmut Kohl sieht sich als Vorreiter im Bemühen um eine Europäische Union.

DM

Es muß was Wunderbares sein ...

Oktober 1982: Helmut Kohl ist neuer Bundeskanzler.

10 Jahre King Kohl

Oktober 1992: Helmut Kohl ist entgegen anfänglicher Prognosen zehn Jahre Bundeskanzler.

1
DM
DEUTSCHE
EIN HEIT
CDU

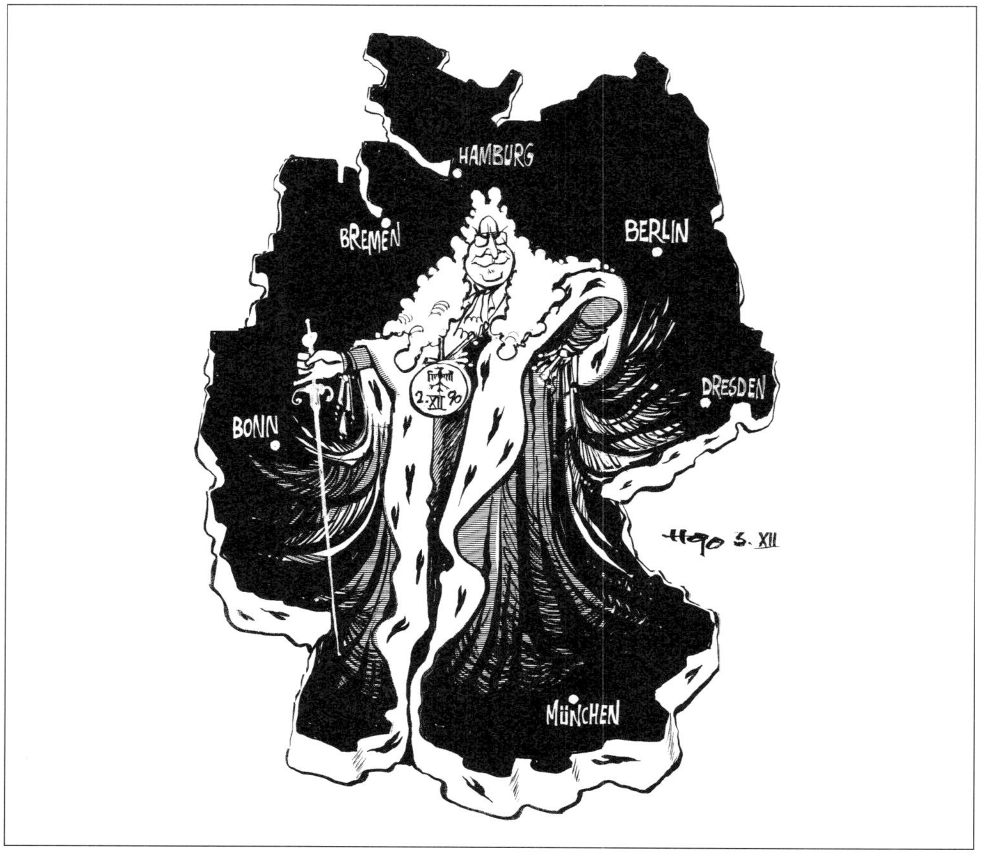

Sonnenkanzler!

Dezember 1990: Der Ausgang der ersten gesamtdeutschen Wahl wird zu einem persönlichen Triumph Helmut Kohls.

»Ich glaube, Majestät brauchen sich keine übertriebenen Sorgen zu machen!«

Mai 1993: Nach dem Rücktritt Björn Engholms als SPD-Vorsitzender befindet sich die SPD in einem für den Kanzler wenig bedrohlichen Zustand.

SPD

Jung Siegfried
und jede Menge Hagen!

Mai 1985: Der Bundeskanzler bleibt trotz heftiger Kritik in den Unionsparteien optimistisch.

»Nur keine Panik, es sind sicher Windmühlen!«

Februar 1996: Durch Optimismus lassen sich die immer größer werdenden Probleme des Landes nicht mehr weginterpretieren.

ARBEITS-
LOSIGKEIT
SOZIAL-
KOSTEN
RENTEN

»Wozu braucht ihr denn da auch noch unsere Beutekunst?«

April 1997: Ein Gesprächspunkt bei Jelzins Besuch in Deutschland ist die geforderte Rückgabe der russischen Beutekunst.

Die drei Tenöre

Juli 1996: Die leeren Staatskassen sind Dauerthema Nummer eins.

WIR HABEN KEIN GELD,
SIND VOGELFREI......

Versöhnung

Dezember 1976: Nach Rücknahme des Kreuther Beschlusses fühlen sich sowohl Franz Josef Strauß als auch Helmut Kohl als Sieger.

Männerfreunde

»Du erwartest mich doch dringend, Helmut, oder?«

Oktober 1983: Franz Josef Strauß meldet wieder seinen Anspruch auf ein Ministeramt in Bonn an.

»Unser Kanzler hält die Fäden fest in der Hand!«

Juni 1983: Die Dauerrivalität zwischen CSU-Chef Strauß und F.D.P.-Chef Genscher prägt das Erscheinungsbild der ersten Regierungszeit Kohls.

CSU
FDP

Amok unterwegs!

April 1983: Strauß attackiert aufs heftigste die Außen- und Deutschlandpolitik der CDU/CSU-F.D.P.-Regierung.

»Keine Angst, Liebling, es ist jemand aus unserer Familie!«

Mai 1983: Unmittelbar nach der Regierungsbildung entbrennt ein heftiger Streit über die Deutschland- und Außenpolitik zwischen F.D.P. und CSU.

CSU
F.D.P.
I LIKE F.J.S
F.D.P.

Zirkus Bonn

Juni 1988: Gegen bessere Einsicht vieler Unionsabgeordneter erzwingt Franz Josef Strauß die Steuerbefreiung des Flugbenzins für Privatflieger.

Erster Geiger mit bayerischer Begleitung

Oktober 1986: Mit vielseitiger politischer Umtriebigkeit versucht der bayerische Ministerpräsident den Bundeskanzler zu dominieren.

CSU-
WAHL-
PROGRAMM
CDU-WAHLPROGRAMM

»Also los, wir küssen ihn jetzt so lange, bis er wieder bayerischer König ist!«

April 1988: Das Magazin »Soziale Ordnung« der CDU-Sozialausschüsse erregt heftige Verärgerung bei der CSU durch einen Artikel, in dem Strauß als raunzender Kröterich bezeichnet wird.

»Papier, nur Papier!«

August 1987: Trotz anfänglichen heftigen Widerstands der CSU gegen die Pershing-1A-Verschrottung bleibt letzten Endes auch in dieser Auseinandersetzung Bundeskanzler Kohl Sieger.

PERSHING 1A
Freistaat
Bayern

Zwei Parteivorsitzende, Hindernisse aus dem Weg räumend

Juli 1985: Franz Josef Strauß und Helmut Kohl treffen sich zu einem »Zweiergipfel«.

»Der scheint ziemlich Schiß zu haben vor der absoluten Mehrheit!«

Januar 1987: Vermutlich mit Recht wird Kanzler Kohl unterstellt, daß ihm an einer absoluten Mehrheit der Union mit dem Hauptrivalen Strauß nicht gelegen ist.

WÄHLT
LIEBER
F.D.P.

»Alles einsteigen, Freunde, es fährt kein anderer!«

September 1989: Auf dem Parteitag der CDU gibt es keine Alternative zu Helmut Kohl.

Bonner Sommer

August 1989: Bundeskanzler Kohl trennt sich von seinem langjährigen Generalsekretär Heiner Geißler nicht in beiderseitigem Einvernehmen.

Witwe in spe

Oktober 1994: Die F.D.P.-Schwäche löst Gedankenspiele über eine große Koalition aus.

Goldener Oktober

Oktober 1994: Es ist fraglich, ob bei der Bundestagswahl 94 der Koalitionspartner F.D.P. die Fünf-Prozent-Hürde schafft.

MEHRHEIT
SPD
F.D.P.

Nessi vom Wolfgangsee

August 1994: Der Kanzler denkt im Urlaub laut über eine große Koalition nach.

»Also, untersteh dich!«

März 1995

VERGEWALTIGUNG
IN DER EHE
STRAFBAR!
CDU
F.D.P.

»Ob wir ihm in der zweiten Halbzeit mal sagen, daß er ins gegnerische Tor schießen muß?«

April 1985: Die Regierung Kohl hat die erste Halbzeit der Legislaturperiode hinter sich.

Freistoß

Juli 1994: Während Fußball-WM und Wahlkampf die Hauptthemen der Saison sind, zeichnet sich bereits ab, daß Rudolf Scharping kein chancengleicher Gegner zu Helmut Kohl wird.

CDU
CSU
F.D.P.
26.VI 94
12.VI 94
SPD

Erinnerungsfoto mit Baikalsee-Nessi

Juli 1993: Das Treffen zwischen Kanzler Kohl und Präsident Boris Jelzin wird von den wirtschaftlichen Schwierigkeiten beider Länder geprägt.

»Sagen Sie doch Ihrem Duzfreund endlich, daß er seinen Köter kürzer an die Leine nehmen soll!«

Januar 1995: Oppositionsführer Scharping rügt im Bundestag heftig, daß Kohl seine persönliche Freundschaft mit Jelzin nicht intensiver zu einem mäßigenden Einfluß im Tschetschenienkrieg nutzt.

Luxemburger Strecke

Dezember 1985: Der Luxemburger EG-Gipfel endet wieder mit einem Miniergebnis.

Jagdszenen aus Bonn

Ein Jäger aus Rheinpfalz ...

April 1991: Die CDU verliert erstmals die Landtagswahlen in Rheinland-Pfalz, im Stammland des Kanzlers.

Waidfrau mit übereifrigem Jagdhund

Januar 1992: Erst nach massivem Drängen erklärt sich der SPD-Parteivorsitzende Björn Engholm bereit, auch als Kanzlerkandidat aufzutreten.

BUNDESTAGSWAHL '94
SPD

Endlich wieder einmal Hunde, die nicht zur Jagd getragen werden müssen!

Juni 1995: Kanzler Kohl ist der lachende Gewinner im Führungsstreit der SPD zwischen Rudolf Scharping und Gerhard Schröder.

»Kann ich irgendwie behilflich sein?«

Oktober 1995: Der langwierige Rivalitätskampf in der SPD-Führung endet mit der Abwahl Rudolf Scharpings.

Herausforderer und Platzhirsch!

Januar 1990: Oskar Lafontaine wird Kanzlerkandidat der SPD.

Der Vierzehnender und kein Ende!

Oktober 1996: Helmut Kohl ist mit der Überrundung Konrad Adenauers der Kanzler mit der längsten Amtszeit in der Geschichte der Bundesrepublik.

J. R.
1987
B. E.
1992
O. L.
1990
H.J.V.
1983
R.
SCH.
19-
94

Aschermittwoch 97

Februar 1997

Drachentöter

Februar 1997: Das von Regierung und Opposition, Industrie und Gewerkschaften angestrebte »Bündnis für Arbeit« löst sich wieder in Parteiinteressen auf.

ARBEITS-
LOSIGKEIT
DGB

»Komisch! Die müßte doch längst das blühende Leben sein!«

Oktober 1992: Der SPD-Opposition gelingt es nicht, aus den Mißerfolgen der Regierung für sich Pluspunkte zu gewinnen.

Schwarzkohl, Rotkohl, Grünkohl

»Ach herrje, jetzt ist die Birne kaputt, jetzt müssen wir leider aufhören, Schily.«

März 1985: Der Flick-Untersuchungsausschuß beendet seine Arbeit gegen den Einspruch des Ausschußmitgliedes Otto Schily.

Feuer frei!
(sehr frei nach Carl Spitzweg)

März 1986: Vor Wahlkampfbeginn verwickelt Otto Schily den Kanzler wegen der Affäre um die Flick-Spenden in ein Ermittlungsverfahren.

WAHL-
KAMPF
86/87

»Ich glaub', ich kann einigermaßen beruhigt hier bleiben!«

Juli 1993: Während aus Moskau beunruhigende Putschgerüchte zu vernehmen sind, macht der Kanzler Urlaub am Wolfgangsee.

Alte Meister

Juni 1994: Die Tolerierung einer rot-grünen Koalition durch die PDS in Sachsen-Anhalt ist für die Union der Beginn einer linken Volksfront.

VOLKS-FRONT
SACHSEN ANHALT

»... aber mal so für unten drunter ...«

September 1994: Trotz heftiger Ablehnung auf Bundesebene gibt es in der Kommunalpolitik durchaus schon schwarz-grüne Koalitionen.

»Wir sollten langsam mal ans Schwimmenlernen denken!«

Juni 1995: Teile der CDU empfehlen, sich mit dem längerfristigen Gedanken an eine schwarz-grüne Koalition vertraut zu machen.

SCHWARZ-GRÜN
ca. 2006 km.
ROT-GRÜN
ca. 1998 km.
F.D.P.

»... summm, summm ...«

November 1994: Wolfgang Schäuble testet in ersten Kontakten schwarz-grüne Zusammenarbeit.

»Mich von der Roten küssen zu lassen, lohnt sich wohl kaum noch!«

Oktober 1995: Joschka Fischer sieht angesichts des desolaten Zustands der SPD die Hoffnung auf ein rot-grünes Bündnis schwinden.

CDU
CDU
CDU
CDU
CDU
SPD
SPD
SPD
SPD

»... Jetzt wird hier gleich jemand eine Pflegeversicherung nötig haben!«

November 1993: Im Streit um die Pflegeversicherung warnt F.D.P.-Chef Klaus Kinkel die CDU vor einem Union-SPD-Bündnis über den Kopf der F.D.P. hinweg.

»Sehen Sie 'ne Notrufsäule?«

Oktober 1995: Die von Union und SPD gemeinsam im Bundestag eingefädelte Diätenreform scheitert im Bundesrat.

BUNDES-
RAT
SPD-UNION

»Die Nummer solltest du auch wieder mal probieren, Oskar!«

Oktober 1996: Auf dem CDU-Parteitag gelingt es Kohl abermals, die CDU in großer Geschlossenheit zu präsentieren.

»... mindestens 3½ Gysi über dem zulässigen Grenzwert!«

Dezember 1995: Ein Treffen zwischen dem SPD-Vorsitzenden Oskar Lafontaine und Gregor Gysi von der PDS stößt bei den Union auf heftige Kritik.

PDS
PDS
PDS
PDS
PDS
PDS
PDS
CDU
CSU

»Roß« und Reiter

November 1996: Es wird immer schwieriger, die Maastricht-Kriterien zur pünktlichen Einführung des Euro und eine mehrheitsfähige Sparpolitik in Einklang zu bringen.

Castor überall

Mai 1996: Während die Atommülltransporte (Castor) auf Protest und Schienenblockaden stoßen, wird auch die Sparpolitik der Regierung von Ländern, Gewerkschaften und der SPD blockiert.

SPARPROGRAMM
1996
REGIERUNG
REGIERUNG
DGB
LÄNDER

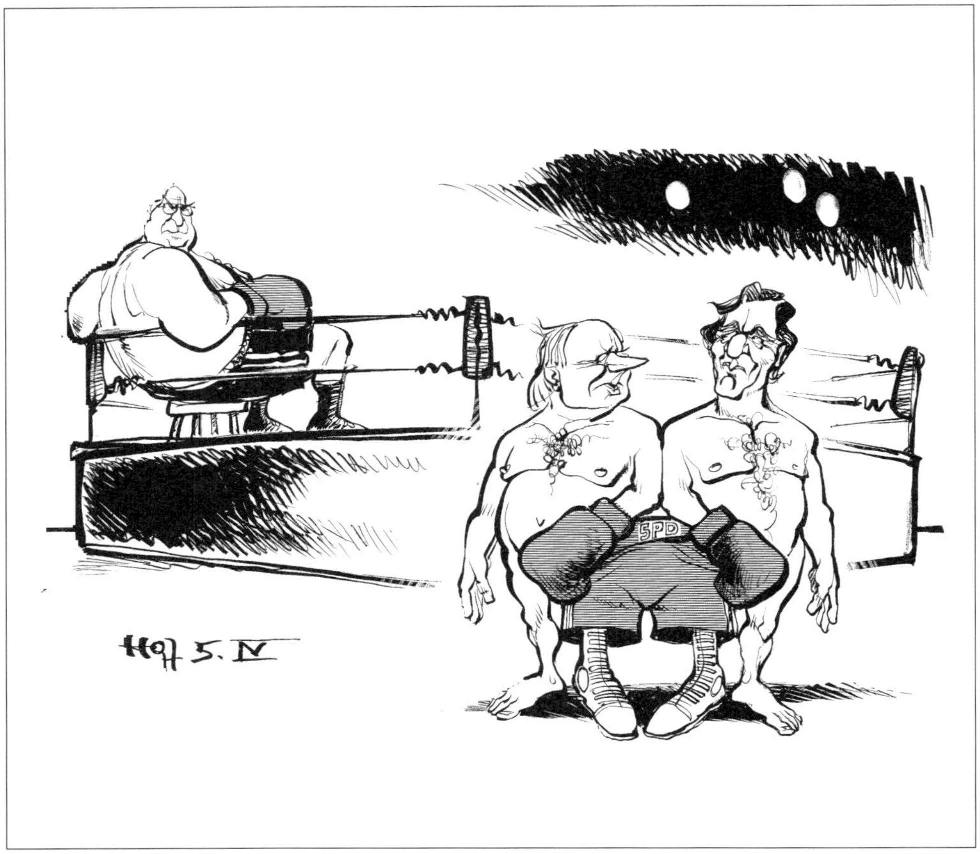

»Also, auf geht's!«

April 1997: Nachdem sich Helmut Kohl erneut zur nächsten Kanzlerkandidatur bereit erklärt hat, blockieren sich in der SPD wieder einmal zwei rivalisierende Bewerber.

Schiff ahoi

März 1991

Einheitskohl

Dissonanzen beseitigt, Harmonie wiederhergestellt!

September 1991: Der ursprüngliche Berufsmusiker und letzte DDR-Ministerpräsident sowie Vorsitzende der CDU-Ost Lothar de Maizière wird nach Meinungsverschiedenheiten vom Kanzler schonungslos diszipliniert.

»Beeilung, Lothar, der da hinten darf auf keinen Fall vor uns ankommen!«

August 1990: Der Kanzler drängt auf einen möglichst frühen Wahltermin, da die immer offenkundigeren Lasten der Wiedervereinigung die Chancen der Regierungsparteien mindern könnten.

ZUM FRÜHESTMÖGLICHEN WAHLTERMIN
BITTE ZUR URNE
BITTE ZUR KASSE!

Vorn und hinten

Dezember 1990: Nach gewonnener Wahl präsentiert die Regierung nach und nach die fälligen Vereinigungsrechnungen.

Oktoberfest 90

Oktober 1990: Nach den ersten Ahnungen über die Kosten der deutschen Einheit hält sich die Begeisterung vor allem im Westen sehr in Grenzen.

VIEL ZU TEUER!
NATIONALES RÄUSCHCHEN GEFÄLLIG ?!
ROLLMÖPSE, SAURE HERINGE !!!

Politisches Schlaraffia

Juli 1990

»Ich denke, so geht's.«

Oktober 1990: Durch betont vorsichtiges Auftreten will die Bundesregierung den europäischen Nachbarländern die Angst vor einem wiedervereinten Deutschland nehmen.

WIE NEHMEN WIR UNSEREN EUROPÄ-ISCHEN NACHBARN DIE ANGST VOR EINEM GROSS-DEUTSCHLAND?
HGO

»... Noch'n paar Eigenblutspritzen und man sieht kaum noch 'ne Narbe!«

September 1995

»Ich werd' verrüggt, das is' nur 'ne Budendegoration!«

März 1991: Nach der triumphal gewonnenen Bundestagswahl weicht die Euphorie in den neuen Bundesländern sehr schnell einer Ernüchterung.

2. DEZ. 1990
BERLIN
LEIPZIG
DRESDEN
BERUHIGUNGSPILLEN
U. GEBETSBÜCHER
H. KOHL & CO

»Verlieren müssen wir noch ein bißchen üben, Rudolf!«

Mai 1994: In überzogener Gereiztheit reagiert SPD-Chef Scharping auf die Wahl des CDU-Kandidaten Roman Herzog zum Bundespräsidenten.

»Über den geeignetsten Kandidaten gibt's doch hier keinen Zweifel!«

Oktober 1993: Bevor sich die Union auf Roman Herzog einigte, versuchte Helmut Kohl den sehr umstrittenen Steffen Heitmann (CDU-Ost) als Bundespräsidenten durchzudrücken.

LIBERALITA
BRUDER JOHANNES
UNDES-
ÄSIDENT

Das Sparpaket

April 1996: Trotz heftiger Proteste beschließt die Bundesregierung das sozialpolitisch umstrittene Sparpaket.

Permanentes Oktoberfest

Oktober 1996: Die notwendigen Einsparungen vor allem in den Sozialressorts werden zum Horrortrip für die Bürger.

SPARPAKET
SUNDHEITS-
REFORM

CDU-Parteitag

Oktober 1995: Auf dem CDU-Parteitag 95 präsentiert sich Kohl noch einmal als die überragende Integrationsfigur der Partei.

»... und bis zum Jahr 2000 halbiere ich die Arbeitslosigkeit!«

Februar 1997: An die verkündete Halbierung der Zahl der Arbeitslosen bis zum Jahr 2000 glaubt offenbar nur mehr der Kanzler selbst.

IM ANFANG SCHUF ICH HIMMEL UND ERDE ......

»Noch ‘ne kleine Reform!«

März 1997: Die Regierung beschließt einen drastischen Abbau der Kohlesubventionen.

»Theo ... eo ... eo ... eo ... eo ... eo«

November 1996: Das Loch im Bundeshaushalt vergrößert sich von Woche zu Woche.

BUNDESHAUSHALT

»Also der Rahmen ist schon mal nicht schlecht!«

Januar 1996: Gewerkschaften, Unternehmer und Bundesregierung einigen sich auf ein wenig konkretes Rahmenkonzept zur Überwindung der Arbeitslosigkeit.

Standort Deutschland

April 1996

DIE UNTERNEHMER RUDERN ZU WENIG!
NUR RUDERN RETTET UNS!
WIR RUDERN NUR WENN ALLE RUDERN!
DGB

»Übernimm dich nicht, Helmut!«

Dezember 1991: In Maastricht treibt der Kanzler am engagiertesten von allen EG-Mitgliedern die Währungsunion voran.

Euro-Kohl

Europäische Sternstunde

November 1993: Über Einzelheiten der geplanten europäischen Währungsunion gibt es quer durch die Koalitionsparteien heftige Auseinandersetzungen.

Welch ein Jubel, welch ein Leben ...

Dezember 1995: Der Großteil der Bevölkerung betrachtet die geplante Aufgabe der DM und die Einführung des Euro mit großem Mißtrauen.

EURO
1
DEUTSCHE MARK
WÄHRUNGS-UNION

Erlkönig 95

November 1995: Trotz enthusiastischem Einsatz für die Euro-Währung bleibt den meisten Bundesbürgern der Euro unheimlich und unkalkulierbar.

Die etwas andere EM

Juni 1996: Verstärkt durch den in Großbritannien verursachten »Rinderwahnsinn« (BSE) steigern sich in England die antideutschen Emotionen während der Fußball-Europameisterschaft.

BSE
EU
KEINE MACHT DEM WAHNSINN

Eröffnung der deutsch-tschechischen Brücke

Januar 1997: Nur mit Mühe und juristischen Hilfskonstruktionen gelingt es, den deutsch-tschechischen Aussöhnungsvertrag durch die Parlamente beider Länder zu bringen.

»Die Rechnung wie üblich ...!«

Mai 1996: Nach dem vorläufigen Ende des bosnischen Bürgerkrieges und der totalen Zerstörung des Landes erklären sich die Europäer und die USA bereit, bei der Finanzierung des Wiederaufbaus zu helfen.

EU
USA
WIEDERAUFBAU
BOSNIEN
H 96

Mühsames Weihnachtsgeschäft

Dezember 1996

Flugzeugträger Deutschland

März 1997: Trotz zur Schau getragener Zuversicht zeichnet sich ab, daß die vertraglich vereinbarten Voraussetzungen zur Einführung des Euro nicht erfüllt werden können.

EURO
MAAS-
TRICHT-
KRITERIEN
1999
THEO

»Die Kabinettssitzung ist eröffnet!«

November 1994: Ein nach der Bundestagswahl 94 reduzierter Kanzler stellt sein Kabinett vor.

Kohlreste

»Verstehe, Angriffsfläche verkleinern!«

März 1991: Der in politischer Bedrängnis befindliche Kanzler macht eine Diätkur.

Abendliches Kohlfeld

Juli 1985: Kanzler Kohl wird aus dem eigenen »Unionslager« immer häufiger und unverhohlener kritisiert.

Kohl ahoi

Juni 1985: Die Kritik am Führungsstil des Kanzlers wächst vor allem auch in den eigenen Reihen.

»Bin gespannt, was von dem Schiff übrig bleibt, wenn die Galionsfigur mal weg ist!«

April 1995: Die Stellung des Kanzlers und CDU-Vorsitzenden ist in seiner Partei absolut unangefochten.

CDU
UNIONSWERFT

»???«

Januar 1997

»Weihrauch und Myrrhe die Hälfte,
Gold erst ab dem zweiten Kind!«

6. Januar 1994

CSU
CDU
EIN-
SPARUNGEN
1994
F.D.P.

Das Sensibilitätspaket

September 1996: Trotz heftigster Kritik von allen Seiten hält der Kanzler am umstrittenen Sparpaket fest.

»Ich nehme an, es ist ein Sparpaket!«

August 1996: Nach turbulenten Auseinandersetzungen um das Sparpaket geht der Kanzler in die gewohnten Sommerferien am Wolfgangsee.

Die fliegende Hauptstadt

Oktober 1995

»Er ist einfach das beste Pferd im Stall!«

Mai 1995: Eine Alternative zu Kohl ist innerhalb der CDU nicht in Sicht.

O Tannenbaum ...

Dezember 1993: Die zwei von Kohl gefeuerten ehemaligen CDU-Generalsekretäre Heiner Geißler und Kurt Biedenkopf bleiben seine Dauerkritiker.

Foto: Heinz Gebhardt

Biographie

Geboren wurde Horst Haitzinger am 19. Juni 1939 in Eferding/Oberösterreich. Seine künstlerische Ausbildung begann mit einem vierjährigen Studium der Gebrauchsgraphik an der Kunstgewerbeschule in Linz an der Donau. Anschließend folgten zwölf Semester Malerei und Graphik an der Akademie der Bildenden Künste in München.
1958 erscheinen die ersten politischen Karikaturen im »Simplicissimus«; von diesem Zeitpunkt an war Haitzinger ständiger Mitarbeiter dieser Zeitschrift. Seit Abschluß des Akademiestudiums ist Haitzinger freiberuflich tätig als Maler und Karikaturist für mehrere bekannte Zeitungen und Zeitschriften. Seine Zeichnungen und Ölbilder (phantastischer Realismus) und seine politischen Karikaturen werden auf zahlreichen Ausstellungen im In- und Ausland gezeigt. Haitzinger lebt und arbeitet in München.
Seit 1974 erscheint jährlich eine Zusammenstellung der besten politischen Karikaturen des Jahres als Sammelband im Bruckmann Verlag, München. Daneben sind verschiedene großformatige, farbig bebilderte Bände lieferbar, u. a. BONNzen-Album, Bonnoptikum, Globetrottel, Deutschland/Deutschland, Weltsch(m)erz und NEUROSEN.